RÉPLIQUE

DE

L. BRION DE LA TOUR

A UN LIBELLE ANONYME

INTITULÉ:

APPRÉCIATION de sa diatribe (prétendue), c'est-à-dire de ses Observations curieuses et utiles, avant et après l'acquisition de l'Atlas historique de M. LE SAGE, ou Baron DE LAS CASAS.

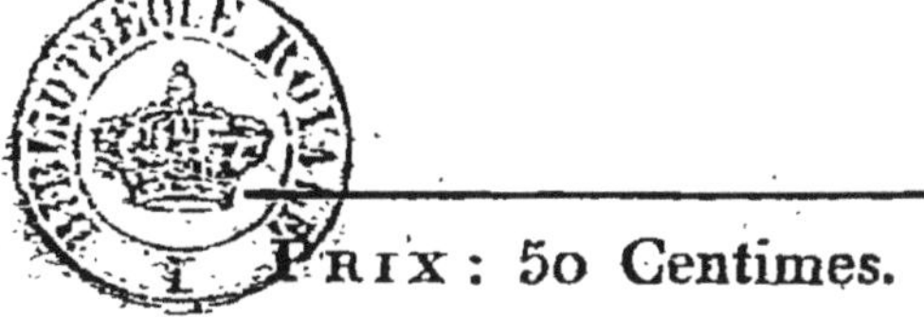

PRIX: 50 Centimes.

A PARIS,

Chez GOUJON, Marchand de Cartes géographiques, rue du Bac, n°. 6, près la rue de Lille;

Et chez LES MARCHANDS DE NOUVEAUTÉS.

1809.

AVANT-PROPOS.

Tournures insidieuses, contradictions, faux-fuyans, mensonges, calomnies, injures grossières, dont un honnête écrivain ne souille jamais sa plume, enfin répétition jusqu'à satiété de tout ce que peut inspirer la méchanceté, tels sont les moyens qui abondent dans la défense anonyme de l'Atlas historique. Tout cela, entremêlé de phrases insignifiantes, tient lieu d'argumens contre la critique que j'ai faite de la partie la plus curieuse et qui devrait être la mieux traitée.

Mais ce qui doit réconforter l'Anonyme, c'est sa contrefaçon, mot pour mot et en entier, de ma critique précédente (à son profit). Aussi ose-t-il se vanter, dès le titre et dans son exposé préliminaire, de m'avoir porté là *le coup le plus cruel*. Il est à savoir si un pareil acte restera impuni.

En attendant j'ai à combattre une petite

espèce de triumvirat; savoir, l'auteur de l'Atlas , l'éditeur, et le défenseur anonyme surtout. Mais l'auteur, ne jouerait-il pas lui-même le rôle d'anonyme? Quoi qu'il en soit, ces messieurs se sont cru forts, sans doute, de l'impuissance de mon âge (84 ans et plus).

Ma réplique sera précédée de deux lettres de M. Le Sage, qui m'en a donné l'exemple, en faisant imprimer dans le libelle anonyme ma seconde lettre seule, ayant soustrait ma première, où je le priais de me faire savoir ce qu'il pensait des observations que je lui envoyais, sous garantie de la bonne foi, à laquelle il a manqué en les retenant, ou se les appropriant; et, qui plus est, en m'accusant d'intentions aussi viles que dénuées de sens. Enfin une aveugle vengeance a étourdi mes ennemis au point d'employer à mon égard, dans leur libelle, les expressions les plus diffamantes. *Honnête* (dans leur sens) veut dire sans honneur, sans probité; *escroquer* (ou filouter), chacun sait que c'est là le début des voleurs; et *demander la bourse ou la vie*, c'est l'initiation des scélérats.

NOTES SUR LE TITRE DU LIBELLE.

M. Brion, y est-il dit, *ne veut plus qu'il se vende un exemplaire de l'Atlas historique de M. Le Sage.* Premier mensonge.

L'Anonyme applique à l'Atlas ce que je n'ai dit que de la seule carte politique de l'Allemagne : voyez la dernière ligne de la page 10, et les premières lignes de la page 11 de mes observations ; *parce qu'on n'a pas voulu me donner une légère rétribution sur les immenses profits que l'Atlas a produits* ; ç'aurait été renoncer aux vues de travail que j'avais conçues pour sa correction. La phrase finit par une jactance ou bravade (semblable à celles du catalogue de l'Éditeur), que le public trop généreux ne doit pas agréer ; et le défenseur anonyme a la maladresse, pour ne pas dire la bêtise, de faire de son client

(M. Le Sage) un avare renforcé ou un égoïste, qui, en outre, retient ce qui lui est prêté avec confiance, et en dispose à son gré ou à son avantage.

N. B. *Avec cette brochure* (l'appréciation), *on n'a pas besoin de se procurer la diatribe de M. Brion; elle s'y trouve réimprimée en entier.*

Cette contrefaçon entière et hardie d'un ouvrage, qu'on est incapable de réfuter, peut bien faire rentrer quelques écus dans la poche de ce nouveau Maître - Gonin ; mais cela n'empêchera pas que l'opuscule original et cette réplique - ci, dégagés de fadeurs ou platitudes et d'injures dégoutantes, n'aient leur cours.

Un mot des plus multipliés, commençant dès la troisième ligne du titre, et sautant aux yeux dans tout le libelle, est le mot *honnête* en tête de mon nom ; on l'y trouve 32 fois en 17 pages : c'est peut-être un tic qui épure la bile de l'Anonyme, quand il en veut à quelqu'un : grand bien lui fasse.

EXTRAITS

DU PETIT EXPOSÉ PRÉLIMINAIRE

DE L'ANONYME.

J'EUS, dit-il, *le désir de témoigner contre lui* (Brion), sans doute d'après un coup-d'œil jeté sur mon pamphlet, ou d'après ce qu'on lui en dit; ce louable désir fut exprimé à M. Le Sage, et de suite à l'éditeur, chez qui l'anonyme s'achemina. L'éditeur lui raconte, entre autres choses, que M. Le Sage *attribuant à son âge le décousu de ses idées* (sans doute dans ma conversation avec ces messieurs, quand je vins voir l'Atlas, ou ensuite dans ma première lettre jointe à mes observations), *crut en finir par une politesse, et lui répondit* (par écrit) *qu'il le remerciait et ne manquerait pas, à la nouvelle édition, de profiter de ses avis.*

Quelle dissimulation ! pour ne pas dire

fourberie, à en juger par la réponse qui va suivre cet exposé.

Par une seconde lettre, ajoute l'éditeur à l'anonyme, *il* (Brion) *exigeait de nous un exemplaire ou sa valeur en argent* (l'éditeur ne dit pas pourquoi), *sous peine d'être attaqué dans les journaux et par les pamphlets.*

Ma lettre seule dit pourquoi ; j'y proposais mes observations en échange d'un exemplaire ou de sa valeur en argent, qui est selon vous, M. l'Éditeur, de 106 fr., le moindre prix de l'Atlas sur votre catalogue, tandis que ma lettre ne marque que 84 francs. Petite infidélité de votre part.

Or comme il est faux que ma lettre contienne les expressions d'*exigeance, valeur d'exemplaire, peine* et *attaque*, vous mentez donc autant de fois. Il est assez singulier que cette épître, mise au jour par vous ou par M. Le Sage dans la production anonyme dont elle est le germe, soit destinée à vous faire rougir et non moi, qui l'ai écrite avec une franchise teinte d'un peu d'humeur ; elle était causée par un pressentiment défavorable qui s'est réalisé, et par certains bruits sourds, vagues, qui vous annonçaient, M. l'Éditeur, pour un faiseur d'affaires, fallut-il (quoique présomptueux) donner des Atlas en échange *de fagots;* mais je ne présume rien à ce sujet.

L'anonyme termine son exposé par deux traits aussi curieux qu'énergiques. Le premier est celui-ci : *le coup le plus cruel à lui* (Brion) *porter, sans doute, c'est de les* (ses observations) *réimprimer dans leur entier, et d'en faire ressortir la véritable nullité.*

La réimpression a été merveilleusement exécutée; c'est dommage que le but de nullité soit honteusement manqué.

Quant au second trait lancé contre moi, chacun peut le voir dans l'exposé de l'anonyme; je n'en souillerai pas ma plume, non plus que de tant d'autres.

———

RÉPONSE de M. Le Sage à ma première Lettre.

A M^r. BRION.

Monsieur,

Mon éditeur m'a fait parvenir les obser-vations que vous vouliez bien faire sur l'Atlas historique. J'ai été flatté qu'un savant de votre âge eût daigné s'occuper de cette production. Je me suis déjà fait depuis long-tems la pluspart des observa-tions (1) que vous m'adressez avec tant de justesse et vous verrez une grande partie de ces fautes disparaître dans l'édition qui se prépare. Je vous remercie des lumières que vous voulez bien me communiquer. Je recevrai avec bien du plaisir celles que vous m'annoncez. Vous êtes bien sûr que

----

(1) Manière de parler qui couvre le peu de savoir.

Nota. Voilà bien une concordance parfaite avec la dissimulation annoncée ci-devant par l'éditeur.

j'y porterai l'attention et le respect qu'on doit au patriarche des géographes.

J'ai l'honneur de vous saluer,

Signé LE SAGE.

RÉPONSE de M. Le Sage à ma deuxième lettre.

Nota. M. Le Sage paraît, comme on le verra, se complaire dans l'*imbroglio*; de plus, on croira difficilement que la lettre précédente et celle-ci, à deux jours l'une de l'autre, soient sorties de la même tête.

15 Mai 1809.

Monsieur,

On m'a remis il y a deux jours une lettre signée Brion avec adresse rue de la Harpe. Elle était accompagnée de deux pages d'écriture que j'ai parcourues à la hâte et qui portaient sur l'*Atlas historique* de Le Sage. J'ai répondu à la lettre et aux observations moins sur ce que j'avois lu que sur ce que m'inspiroit l'âge d'une personne que j'ai rencontrée rue de la Jussienne, qui m'a dit s'appeler Brion, et se dit être précisément le même dans la lettre que j'ai reçue. (Ensuite.) Aujourd'hui je reçois, même signature et même écriture, une seconde lettre dans laquelle on me taxe à une somme d'argent et sur refus on me menace d'un libelle. La chose devient trop sérieuse pour que je ne m'empresse pas de vous en instruire de peur que ce ne fut un abus que l'on fait de votre nom et de votre situation. (1) Si cela vous étoit tout à fait étranger, je vous prie de me le laisser savoir afin que je prenne des mesures pour garantir moi ou tout autre d'être exposé à de semblables contributions.

J'ai cherché vainement les feuilles qu'on m'avoit adressées. Je les aurai jetées parmi les papiers de rebut. J'en serai d'autant moins inquiet que ne les ayant pas demandées, je n'en suis nullement responsable et que ce

____

(1) Inconnue à lui.

serait une manière nouvelle de se faire de l'argent que d'écrire aux gens et puis les sommer de leur payer la valeur arbitraire du griffonnage dont on les aurait importuné. C'est un procédé scandaleux dont vous devez être plus inquiet que moi puisqu'on se permet d'y attacher votre nom, et je m'empresse de vous le communiquer non pour m'en plaindre, parce que j'en crois incapable toute personne contre laquelle on ne m'en a pas encore donné les preuves, mais pour vous le faire connoître afin que vous puissiez y mettre ordre.

J'ai l'honneur de vous saluer,

Signé Le Baron DE LAS CASAS, auteur de l'Atlas historique publié sous le nom de A. LE SAGE.

Cette lettre commence par réduire, ainsi que l'Éditeur l'a fait dans le petit exposé, à deux pages d'écriture les observations que j'avais envoyées : ce n'est qu'une petite façon

mensongère et risible de rabaisser les choses. Ensuite M. Le Sage (que je n'appellerai
plus, depuis sa dernière lettre, que baron
de Las Casas) dit m'avoir rencontré rue
de la Jussienne; c'est moi, au contraire,
qui l'ai rencontré, non dans la rue, comme
à l'entendre on le croirait, mais chez son
éditeur; et j'ai adressé la parole, non à lui
seul, mais à l'un et à l'autre, pour voir
l'Atlas, sans dire d'abord niaisement mon
nom. Sa lettre seule est brochée de niaise-
ries et de mensonges sur un fond de mé-
chancetés.

Le lecteur peut voir si ma lettre insé-
rée dans le libelle, et dont le baron de
Las Casas a fait son oriflamme pour m'attaquer à outrance, porte ces termes plus
que grossiers, qu'*on le taxe à une somme
d'argent, et sur refus qu'on le menace
d'un libelle.* La seule vérité sortie ici de
la plume du baron de Las Casas, est qu'il
ne m'a pas demandé mes observations. S'ensuit-il qu'il n'en est nullement responsable?
S'ensuit-il encore que ce serait une nou-

velle manière de se faire de l'argent? etc. Eh!
Monsieur le baron, avez-vous donc l'esprit
assez bouché pour ne pas savoir renvoyer
aux gens ce qui ne vous convient pas, sans
même prendre la peine d'écrire un mot;
moyen fort court auquel il n'y a rien à
redire. Pourquoi, au lieu de cela, vous
élancer dans un labyrinthe d'une issue
peut-être fort épineuse, surtout en vous
efforçant, sous un masque léger d'hypocri-
sie, de faire de moi une espèce de chef de
bande à contributions et capable de trou-
bler l'ordre public.

RÉCLAMATION DE MES OBSERVATIONS.

La réponse précédente du baron de Las
Casas met fin à la réclamation faite de ma
part de mes observations à lui confiées.
L'homme respectable, même d'une famille
distinguée, qui la faisait, m'a déclaré avec
franchise avoir été d'abord balotté et ren-
voyé à d'autres momens, enfin avoir été
accueilli par M. de Sourdon, l'éditeur du

baron de Las Casas, comme je l'ai dit à la fin de la page 4 et au commencement des pages 4 et 5 de mon précédent opuscule. Ce que j'y ai oublié, c'est la circonstance où cet honnête particulier s'est trouvé de ne pouvoir prendre de témoins au sujet du trait de violence exercé contre lui, et de la plus vile accusation; il n'y avait alors, par ruse ou par hasard, point d'homme chez le (1) *Cheik-éditeur*.

ARGUMENS BAROQUES

DE L'ANONYME,

(*Transcrits en italique*)

Précédés de petits sommaires des sujets, et suivis de mes répliques.

Nota. Il faut d'abord que je répare un petit oubli dans ma précédente critique, page 1;

---

(1) Le mot *Cheik* est le titre d'un chef de tribu arabe, soumis lui-même à un Émir ou Prince. Au reste, que M. de Sourdon sente un peu l'arabe comme tant d'autres, il n'y a rien d'étonnant à cela.

c'est à propos du droit d'attaquer, comme auteur, le baron de Las Casas : après ces mots, *Au reste,* il faut lire : outre l'intérêt que je dois prendre à l'une des principales pièces de l'Atlas historique, voyez ensuite le premier alinéa de la page 5.

L'ATLAS CRITIQUÉ.

Ah! que vous allez bien le rendre (M. Brion); *mais pourquoi faut-il que le pauvre public souffre aussi de vous?*

Je puis bien, comme un autre, avoir par fois ennuyé le public; mais je suis sûr que l'on ne me reprochera pas de le rançonner, c'est-à-dire de lui vendre un Atlas le double, ou à peu près, de ce qu'il vaudrait s'il était bien fait.

TITRES CITÉS DE QUELQUES CRITIQUES AUTRES QUE LA MIENNE.

Long verbiage absolument étranger à l'Atlas historique.

Verbiage pour vous, Anonyme, qui peut-être ne connaissez guères que de légers aperçus scientifiques ou littéraires, et pensez faussement que tout pamphlet est une diatribe, ou une chose inutile à l'instruction. Au reste, je ne sais si vous faites plus de cas de cette dernière que de l'éducation, qui en est le commencement, dont le manque chez vous est prouvé par tant d'endroits de votre libelle.

***

CRITIQUE EXERCÉE D'UNE MANIÈRE ÉNERGIQUE PAR M. H***.

Je le crois bien, dit l'Anonyme, *heureusement pour le public.*

L'Anonyme sait-il ce qu'il dit? A-t-il parcouru le journal de l'Empire du 25 avril dernier?

***

MA RÉCALCITRANCE A LAISSER-MON TRAVAIL GRATUIT.

Aveu naïf de M. Brion, qui prétend se faire payer des observations qu'on ne lui demande pas.

Il n'arrive guères, à la vérité, que quelqu'un demande qu'on le critique : *Risum teneatis amici;* jamais que l'écrivain soit payé quand on refuse ses services. Il n'appartient qu'au baron de Las Casas, qui ne demande pas, de recevoir, remercier, retenir, et bien vîte accuser les gens de viles intentions. C'est le *César* du monde littéraire.

TITRE D'HISTORIQUE PORTÉ MAL-A-PROPOS PAR L'ATLAS DU BARON DE LAS CASAS, COMME N'APPARTENANT QU'AUX VOYAGES DE DÉCOUVERTES.

Grand démérite historique de l'Atlas! Exclamation favorite, et argument irrésistible de l'Anonyme; c'est ainsi ou à peu près qu'il foudroie mes assertions.

CARTES SQUELETTES DE L'ATLAS.

Elles sont indiquées et données pour telles par l'auteur lui-même, à chaque ligne du texte.

Cela vous plaît à dire, M. l'Anonyme. Il est dit seulement une fois, dans les commencemens de l'Atlas, que le tableau est à l'Histoire ce qu'un squelette est à l'anatomie. Je ne crois pas avoir rencontré dans aucun endroit le mot *carte - squelette ;* mais pourquoi l'auteur n'a-t-il pas motivé la nature ou la construction de pareilles cartes, qui tout au plus ne conviennent qu'à des sots ou des imbéciles ?

ACCUEIL DE M. SOURDON ENVERS CELUI QUI RÉCLAMAIT MES OBSERVATIONS.

M. de Sourdon n'a pas voulu donner à l'homme respectable l'argent qu'on lui demandait pour ne pas publier des articles contre lui. Quelle brutalité révoltante !!!

Cet éditeur ne vous a pas fait sans raison, M. l'Anonyme, un mystère de son accueil brutal. Au reste, le lecteur judicieux ou équitable est déjà convaincu par tout ce que j'ai dit ci-devant, que l'argent demandé n'était autre chose que la reddition de ce qui m'appartenait, non pas pour le travail que j'avais fait, au cas qu'on le refusât, pour servir à l'Atlas, mais du pillage que l'on avait fait de ma carte d'Allemagne.

Il est à propos d'ajouter que si ce que vous appelez mon galimatias de deux pages, n'est, de votre aveu même, que la répétition de mes observations, qui en ont sept fois autant, vous vous contredites; mais le fait est que le premier de mes deux pamphlets imprimés diffère de mes observations écrites. Vous montrez ici et dans bien d'autres endroits un grand bout d'oreilles, en répétant vos verbiages mensongers jusqu'à satiété.

MA CARTE DE L'ALLEMAGNE.

M. Brion craint la possibilité que l'Atlas n'arrête la vente de sa carte. Véritable démérite de l'Atlas historique.

Je ne crains pas cela, M. l'Anonyme, et vous y voyez grandement trouble. Le chétif Atlas, dont vous êtes le champion, n'arrêtera la vente d'aucune carte, surtout dès que l'on aura jeté un coup-d'œil attentif sur son plus grand *démérite*, pour me servir de votre expression bannale. A cet effet il est à propos de répéter ici un paragraphe de mon premier pamphlet. C'est là le nœud gordien de l'Atlas historique.

La carte de l'Allemagne politique (dont la mienne est certainement le prototype) n'a point de projection; ce qui ne l'a pas privée d'une échelle. Par quelle opération cette dernière s'est-elle donc faite ? Ne reconnoît-on pas là un original tout formé ? Toutes les cartes qui la précèdent n'ont pas plus de projection , mais elles sont sans échelle; c'est au moins être conséquent.

PETIT CROQUIS DE CARTE INSIGNIFIANT , SOUS LE TITRE D'ÉTAT PRÉSENT DE L'EUROPE.

Grand démérite historique de l'Atlas !

Exclamation réitérée de l'Anonyme, qui soutient que *le bon goût est particulièrement ce qui distingue la feuille* où est ce croquis, vraie caricature géographique, et que *je ne suis pas obligé de m'y connaître.* Donc réparation au bon goût, à la feuille, au croquis, jusqu'aux admirateurs

passés, présens et à venir de la feuille et de
son croquis, même jusqu'aux bouts d'oreilles que montre l'Anonyme.

CARTES SANS PROJECTION NI ÉCHELLE.

*Des cartes squelettes données comme
telles par l'auteur n'en avaient pas
besoin.*

D'abord il paraît n'en avoir pas annoncé
une seule comme telle : alors ce serait là
un petit mensonge officieux pour l'initia-
tive d'une expression, ce qui n'importe
guères. Au surplus, en vertu de quoi n'a-
vaient-elles pas besoin de projection? c'est
ce que ne pourrait croire quiconque tant
soit peu instruit, pas même un Iroquois.
Le lecteur a déjà vu ci-devant quelques
phrases à ce sujet.

*Au demeurant, ces cartes se recom-
mencent telles que je (Brion) le désire.*
Serait-ce donc en partie d'après mes observations retenues gratuitement? c'est ce
que l'on verra.

MON EXAMEN PARTICULIER DE LA CARTE DE L'ALLEMAGNE POLITIQUE DU BARON DE LAS CASAS.

Reprise du verbiage. Inexactitude de M. Brion. Grand démérite historique de l'Atlas (bis), très-concluant, très-positif, en vérité; fatras, radotage, etc. Erreur d'enluminure ou de M. Brion.

Voilà les argumens, sans un mot de plus, qui doivent avoir réfuté ou détruit les assertions que j'ai osé avancer contre cette admirable carte. Après cet effort d'esprit ou de jugement, l'Anonyme s'est hâté de passer à un autre sujet.

COMMISSION DE CENSURE GÉOGRAPHIQUE DANS LE SEIN DE L'INSTITUT, PROPOSÉE PAR MOI.

Extrêmement juste et bien pensé; pour cette fois l'honnête M. Brion se rencontrera avec les gens sensés et raisonnables (honnêtes ou non dans le sens de l'Anonyme.)

Grand merci du compliment, Monsieur;

pour cette fois vous vous montrez poli.
Mais si cela était exécuté, que deviendraient
tant d'ouvrages, et particulièrement l'Atlas
historique du baron de Las Casas?

Voici bien autre chose. Cet homme si
poli revient vite à son naturel, en exha-
lant l'une de ces accusations calomnieuses
qui lui sont si familières : telle est ici *rétribution forcée* de ma part sur les novices,
au nombre desquels il met ainsi le baron
de Las Casas son client. Pourquoi donc un
novice s'avise-t-il de fabriquer un Atlas
historique, et vous, Anonyme, pourquoi
tant le vanter? Battez-vous les flancs et
répondez.

SIGNES DE NOUVELLE LUNE EN TÊTE DE NOMBRE DE PRINCES.

Grand démérite historique de l'Atlas!

On voit combien cette exclamation est
chérie de l'Anonyme, et a de puissance
pour tout réfuter.

PRIX EXORBITANT DE L'ATLAS.

M. Brion prétendait l'obtenir pour rien (voyez sa lettre). Ah ! pardonnez du moins au pauvre Éditeur de n'avoir pas voulu vous donner des verges pour le fouetter.

Je prie à mon tour le lecteur de recourir à cette lettre dans le libelle, et de juger si tout autre qu'un imbécile demanderait les moyens de mettre au jour sa critique à qui en serait l'objet.

VOLUME GIGANTESQUE DE L'ATLAS, ET SON PRIX.

Grand démérite-historique.

Dernière exclamation de l'Anonyme, qui par certains propos entend bien que le public ne se lassera ou ne se dégoûtera point de ce pauvre et cher Atlas.

CORRECTIONS DE L'ATLAS.

L'Anonyme paraît croire, malgré mon

travail retenu, qu'il n'a jamais été question
de ce point, mais d'argent pour me taire :
il faut laisser dans cette opinion forcenée
le baron de Las Casas, son acolyte le Cheik=
éditeur et son champion anonyme, vrai
ou supposé.

––––––––––

Les notes marginales se terminent par
les plus fortes calomnies, et par un trait
au-dessous de l'humanité.

C'est ainsi que finit la prétendue réfu-
tation de ma critique.

––––––––––

CONCLUSION DE L'ANONYME.

Il exhale les restes de sa bile contre moi,
et fait l'éloge le plus ampoulé de l'Atlas
historique, au lieu de lui assigner tout uni-
ment sa place parmi les ouvrages d'instruction (hors la géographie).

Il est entendu qu'il a dû se taire, dans
son éloge, sur ce que cet Atlas n'est pas
exempt, à beaucoup près, de plagiats assez
habilement déguisés ; qu'il ressemble un

peu à l'habit d'Arlequin; qu'il est d'une cherté abusive ou révoltante; qu'il est on ne peut pas plus incommode pour l'étude ou la lecture; enfin d'une impression dangereuse pour la vue.

CONCLUSION DE MA RÉPLIQUE.

Je prie mes lecteurs de prendre la peine de comparer un peu attentivement le libelle même (s'ils l'ont) avec mes observations et ma réplique, avant que de prononcer.

D'un autre côté, j'invite mes ennemis, acharnés à ma diffamation si hardiment énoncée dans leur libelle, à s'instruire et se pénétrer de ce passage des Œuvres de *Palissot* (1), digne d'attention, et que tout écrivain polémique ne doit pas ignorer :

« Le Gouvernement exige de tout ci- » toyen des mœurs et de la probité. Il

---

(1) Écrivain de nos jours aussi respectable qu'intéressant, et très-critique lui-même.

» doit par conséquent protéger quiconque
» est attaqué sous l'un ou l'autre de ces
» rapports (ou pillé). Les lois seules ont
» le droit de le diffamer ; et quelle circons-
» pection n'apportent-elles pas quand il
» s'agit d'infliger cette peine ! »

———

P. S. M. *Malte-Brun*, dans le *Journal de l'Empire* du 19 juillet, a porté, sans y penser peut-être, un coup de massue tout-à-fait atterrant à l'*Atlas historique de M. le baron de Las Casas*, en annonçant en propres termes que le *Tableau historique des Nations par M. Jondot* paraît destiné à faire oublier tous les *Cours d'Histoire universelle*, dont le moment actuel a fait éclore une moisson à la fois si abondante et si stérile.